令人着迷的中国旅行记

# 飞车走壁

## FEI CHE ZOU BI

# 沈阳

乔 冰/著 智慧鸟/绘

吉林出版集团股份有限公司
全国百佳图书出版单位

图书在版编目（CIP）数据

飞车走壁——沈阳 / 乔冰著；智慧鸟绘. --长春：
吉林出版集团股份有限公司，2023.2（2024.3重印）
（令人着迷的中国旅行记）
ISBN 978-7-5731-2035-9

Ⅰ.①飞… Ⅱ.①乔… ②智… Ⅲ.①沈阳 – 地方史
– 少儿读物 Ⅳ.① K293.11–49

中国国家版本馆CIP数据核字(2023) 第016517号

令人着迷的中国旅行记

FEI CHE ZOU BI SHENYANG

# 飞车走壁——沈阳

著　　者：乔　冰
绘　　者：智慧鸟
出版策划：崔文辉
项目策划：范　迪
责任编辑：金佳音
责任校对：李金默
出　　版：吉林出版集团股份有限公司（www. jlpg. cn）
　　　　　（长春市福祉大路5788号，邮政编码：130118）
发　　行：吉林出版集团译文图书经营有限公司
　　　　　（http: //shop34896900. taobao. com）
电　　话：总编办 0431–81629909　　营销部 0431–81629880 / 81629881
印　　刷：唐山玺鸣印务有限公司
开　　本：720mm×1000mm　1/16
印　　张：8
字　　数：100千字
版　　次：2023年2月第1版
印　　次：2024年3月第2次印刷
书　　号：ISBN 978-7-5731-2035-9
定　　价：29. 80元
印装错误请与承印厂联系　　电话：13691178300

中国传统文化丰富多彩，民俗民风异彩纷呈，它不仅是历史上各种思想文化、观念形态相互碰撞、融会贯通并经过岁月的洗礼遗留下来的文化瑰宝，而且是中华民族几千年文明的结晶。而作为世界非物质文化遗产重要组成部分的中国非物质文化遗产，在历史、文学、艺术、科学等领域具有非同寻常的价值，正越来越受到世界各国政府、学术界及相关民间组织的高度重视。

本系列丛书为弘扬中国辉煌灿烂的传统文化，传承华夏民族的优良传统，从国学经典、书法绘画、民间工艺、民间乐舞、中国戏曲、建筑雕刻、礼节礼仪、民间习俗等多方面入手，全貌展示其神韵与魅力。丛书在参考了大量权威性著作的基础上，择其精要，取其所长，以少儿易于接受的内容独特活泼、情节曲折跌宕、漫画幽默诙谐的编剧形式，主人公通过非同寻常的中国寻宝之旅的故事，轻松带领孩子们打开中国传统文化的大门，领略中华文化丰富而深刻的精神内涵。

# 人物介绍

## 茜茜

11岁的中国女孩儿，聪明可爱，勤奋好学，家长眼中的乖乖女，在班里担任班长和学习委员。

## 布卡

11岁的中国男孩儿，茜茜的同学，性格叛逆，渴望独立自主，总是有无数新奇的想法。

## 瑞瑞

11岁的中国男孩儿，布卡的同学兼好友，酷爱美食，具备一定的反抗精神，对朋友比较讲义气。

## 欧蕊

11岁的欧洲女孩儿，乐观坚强，聪明热情，遇事冷静沉着，善于观察，酷爱旅游和音乐，弹得一手好钢琴。

## 塞西

9岁的欧洲男孩儿，活泼的淘气包，脑子里总是有层出不穷的点子，酷爱网络和游戏，做梦都想变成神探。

## 机器猫费尔曼

聪慧机智，知识渊博，威严自负，话痨，超级爱臭美；喜欢多管闲事，常常做出让人哭笑不得的闹剧。

## 华纳博士

43岁的欧洲天才科学家，热爱美食，幽默诙谐，精通电脑，性格古怪。

# 目录

# 目录

第一章

# chapter 1

## 蝶翅画

银川的公路上
我们是要去赶几点的飞机呀？
还没想好接下来去哪儿，先到机场再说吧。
好熟悉的味道，是霍曼用的那款小众香水！
阿嚏！
你是说刚才经过的那辆车里，坐的是霍曼他们？
千真万确！让电子蜻蜓去打探一下，看看那个坏蛋又要搞什么名堂。

机器猫，快听听你的电子蜻蜓都打听来了什么消息！

那个收购《簪花仕女图》的家伙可真有钱，给出了一个天价！

头儿，这下我们要发大财了！

你们懂什么？全世界就剩下辽宁省博物馆里的这一幅唐代仕女图了，那可是传世孤本！

那群浑蛋偷走了我的护照，害得我只能租车去沈阳。哼，等仕女图到手，再找他们算账！

我们马上订机票，去沈阳，阻止这帮疯狂的家伙！

卡嗒

3

博士一行乘车经过一扇古色古香的大门，上方牌匾写着"沈阳故宫"。

故宫？

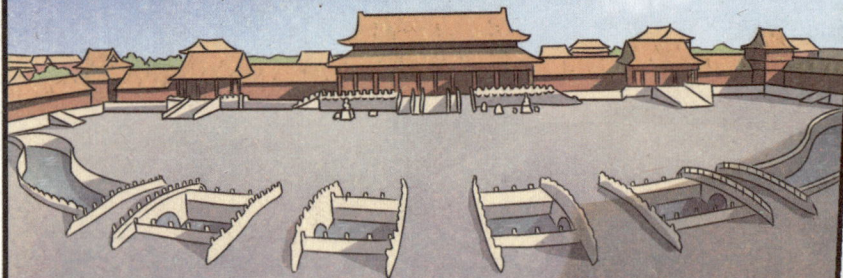

故宫不是在北京嘛，可我们明明是在沈阳呀。

这是沈阳故宫，清朝皇帝迁都北京之前，就住在这里。

它又叫盛京皇宫，和北京故宫被称为中国保存完好的两大古代皇宫建筑群。

沈阳故宫比北京故宫"年轻"219岁。努尔哈赤当时决定迁都沈阳，改名盛京，才开始建造沈阳故宫。

辽宁省博物馆前的广场上

这蝶翅画从不同角度看，泛出了不一样的光泽。

光彩夺目，实在是太好看了！

蝶翅画？我第一次听说。

就是用蝴蝶翅膀给画填充颜色呗。

这些画的颜色，是用蝴蝶翅膀填充的？

是的，蝶翅画没有用任何其他颜料。

很多时候一只蝴蝶只能取一毫米的翅膀用，所以一幅大点儿的画，需要用上万只蝴蝶。

蝴蝶翅膀是怎样变成蝶翅画的？

先用笔画出山水、人物等，然后剪贴已经经过展翅、干燥等工序处理的蝴蝶翅膀来给它上色。

別用手拿，会印上指纹，破坏品相的！

移动时，可以用镊子轻轻拿取。

蝴蝶翅膀易碎，不能直接用手指捏。

即使用镊子，也得万分小心。

剪的时候要"快准稳"——为了寻找最恰当的力度，我们练习了整整一年。

不管想画什么，都能用蝴蝶翅膀完成吗？

蝶翅画的颜色选择很受限制，比如红色就非常稀少。这位女子的衣袖我只能用相近的橘红代替。

办正事要紧，我们赶紧去博物馆找安保队长吧。

# 沈阳故宫

沈阳故宫已有近400年的历史，占地6万平方米，有建筑100余所，500余间。相比北京故宫，沈阳故宫的规模要小得多，占地面积仅为北京故宫的1/12。

如果说北京故宫是汉族建筑的艺术结晶，那么沈阳故宫则是清王朝的第一座大气庄严的帝王宫殿建筑群，具有浓郁多姿的满族特色。

沈阳故宫建成于1625年，是努尔哈赤迁都盛京(今沈阳)时建造的一座富有满族情调的宫殿，主要作为理政和朝贺的场所。

努尔哈赤去世后，皇太极续建皇宫，而后，顺治皇帝福临在此称帝。

# 蝶翅画

  "蝶翅画"顾名思义，是以天然蝴蝶翅膀为材料、纯手工制作而成的一种工艺美术画，是中国独有的画种，鲁迅先生称之为缺门、独门、冷门的文化瑰宝。

  蝴蝶翅膀远看很像是块状颜料，制成的画作又很有立体感，所以有很多人第一眼看到蝶翅画时，会以为是油画。

  定睛细看，你就会发现蝶翅画创作时利用蝴蝶翅膀的自然形态、天然色彩和花纹来构图作画，其天然的纹理形成丝绒一样的质感，在阳光照耀下格外璀璨。

# 会飞的花朵

　　大自然里种类最多的动物是昆虫，而蝴蝶就是昆虫中的一种。因为它们颜色丰富，身姿婀娜，所以被称为"会飞的花朵"。

　　但遗憾的是，蝴蝶的生命很短暂，艺术家们为了永葆蝴蝶的美丽，收集了大量的蝶翅，经过回软、展翅、防蛀、防腐、干燥以及绘图、修剪、粘贴等30余道手工工序，巧妙利用蝴蝶翅膀的独特花纹，创作出令人惊艳的"蝶翅画"。

　　每制作一幅蝶翅画作品，少则需要一周，多则几个月。因其材料的特殊性，每一幅蝶翅画作品都几乎不会重复。

# 蝶翅画制作技艺

蝶翅画取材于自然，全由手工剪贴而成，靠的就是作画人的心灵手巧。制作蝶翅画主要有以下几道工序：

蝶翅采集：一般采用普通和种群数量较大的蝴蝶。将蝴蝶经过展翅等相关处理后，用剪刀小心剪下翅膀备用。

图案设计：根据蝶翅的色彩、光泽和花纹等特点，设计创作图案，以人物、花鸟、盆景、山水为主。因为每次获得的蝴蝶颜色和品种都不一样，所以创作蝶翅画的时候，要根据颜色来创作，需要具备丰富的经验才能够完成。

蝶翅加工与试排：根据图案的结构、形状等特点，将蝶翅剪成大小不同、形状各异的翅坯，用镊子将翅坯夹在图案上试排。

拼贴成形：拼贴是制作蝶翅画中最关键的一道工序，要求层次分明，繁而不乱。

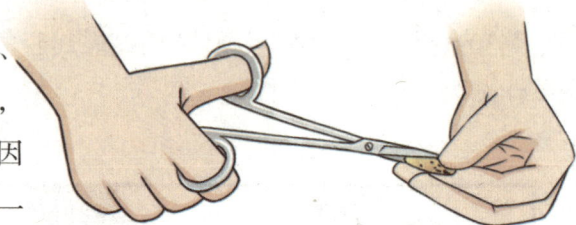

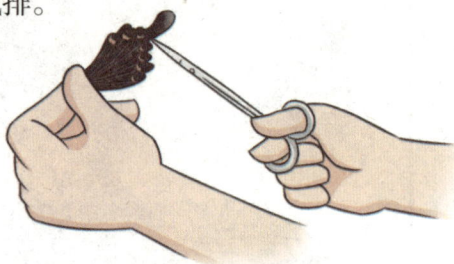

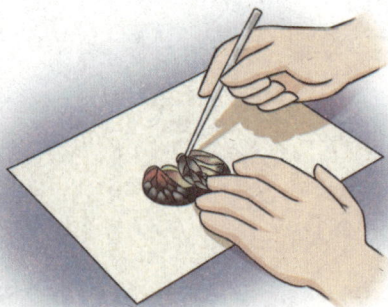

# 第二章

# 安全犬

扫码获取

- 角色头像
- 阅读延伸
- 趣味视频

辽宁省博物馆前的一块空地上
这只德国牧羊犬叫闪电，以后它就是队长您的得力干将了。
巴彦，你可是最优秀的驯犬师，驯出的安全犬肯定个个“身手不凡”！
阿黄，你为守护博物馆的安全立下了汗马功劳，谢谢你。
阿黄年龄到了，要退役，我们真舍不得它。
前因后果
如此这般

我们马不停蹄地来到这里，就是为了告诉您，有个叫霍曼的家伙，正要来这里偷《簪花仕女图》……他那辆商务车的车牌号是……
想从我们眼皮底下偷东西？想得美！
你们身上有没有带有那个家伙气味的东西？
我现在就去查监控，查找霍曼那辆商务车的行驶路线。
呃，好恶心……这应该是霍曼擦鼻涕用过的，你怎么还留着？
留得好！有了它，就可以派阿黄出场了。

夜里，沈北新区兴隆台锡伯族镇，一栋偏僻的民居里。

头儿，我们今晚就动手？

今晚先踩点儿，把博物馆安保人员的巡逻时间和规律彻底搞清楚。

想不到那群家伙竟然藏到我老家来了。阿黄、小黑，接下来就看你们的了！

小黑只是条普通的家犬，对付霍曼他们能行吗？

放心吧，它也受过我的特殊训练，厉害着呢！

霍曼一伙人受伤不轻，这几天顾不得偷画了。今晚可以好好睡一觉了。

我刚才听到，他们偷偷摸摸把什么人藏在家里。

好像是叫"喜利妈妈"。

不能在这儿睡，因为这里的人很可疑！

难道他们是人贩子？那我们岂不是很危险？

哈哈哈哈……

"喜利妈妈"不是人，而是……咳，过会儿你们就明白了。

喜利妈妈，因为有贵客来，破例"请"出您来。

那是羊骨，表示一辈人。而两块羊骨之间的小弓箭、布条的数目，就是这一辈人中男子和女子的数目。

啊？你口中的"喜利妈妈"就是这根绳子？

拴着小弓箭、布条和骨头的绳子？

巴彦叔叔，你是男子汉，那这布条上代表你的也是小弓箭喽？

那这个呢？

从这儿开始就是我们这代人，这个弓箭就代表我。

小弓箭是我儿子出生后立的，它旁边的彩色布条代表的是我弟弟去年出生的女儿。

那这根绳索，岂不是你们家族的族谱？

听说锡伯族有结绳记事的传承，莫非说的就是这个？

是的。这根绳索在我家已经传了几百年了，是家族延续的记录，也是我们锡伯族的无文字家谱。

# 新中国第一座博物馆

　　辽宁省博物馆是中华人民共和国成立的第一座博物馆，藏品丰富，藏品总量达11.78万件，特色鲜明，以辽宁地区考古出土文物和传世的历史艺术类文物为主。

　　辽宁省博物馆馆藏的历代丝绣、晋唐宋元书画闻名天下，东北地区考古发现、古地图与历代货币、甲骨、青铜器、碑志也较为著名。

　　如唐代画家周昉的《簪花仕女图》，其笔下仕女"曲眉丰肌，艳丽多姿"，不仅能给人们带来极高的艺术享受，而且能使观众从中窥见唐朝上层贵族们的生活情趣。

馆内藏品十分富有地方特色，如左图是东北地区考古发现的辽代瓷器。

# 射箭民族的神箭手

　　锡伯族是中国少数民族之一，锡伯族人是古代鲜卑人的后裔，他们喜爱骑马射箭，有"射箭民族"的美誉。

　　在清朝平定准噶尔叛乱的战争中，锡伯族官兵立下了汗马功劳，涌现了很多神箭手。其中最有名的是锡伯族将军额尔古伦的大儿子萨林阿。

　　萨林阿5岁就开始练箭，长大后能骑在飞驰的骏马上，在100米的射程内连出三箭，而且箭箭射中箭靶红心，练成了被称为"一马三箭"的绝技。

　　皇帝听说萨林阿有这手绝活儿，立即把萨林阿召进宫里，让他当众表演。萨林阿不负众望，技惊四座。皇帝大喜，盛赞他是神箭手。

# 大西迁

　　锡伯族的民间故事是了解锡伯族发展史的宝贵资料，其中关于大西迁的故事尤其动人心魄。

　　清乾隆年间，新疆地区常常受到外敌侵扰。为了保卫边疆地区百姓安宁，乾隆帝决定派忠诚、善于骑射的锡伯族军队到伊犁驻防。

　　1764年，锡伯族官兵连同他们的家属三千多人踏上了西迁的漫漫征程。他们日夜兼程，过草地、穿戈壁、爬雪山，终日与饥饿、寒冷、疾病做斗争，一年零五个月后，他们终于从东北来到了新疆伊犁。

　　在伊犁河谷定居下来的锡伯族人，处于多民族语言包围的环境中，他们也因此精通很多种民族语言，被称为"天才的翻译家"。

# 无字家谱

在锡伯语中，"喜利"有"延续"之意。

喜利妈妈两端用榆木棍绑上，起始的一端称为"老头棍"，末端称为"分支棍"，二者都必须取自独根的小榆树。

喜利妈妈的制作很有讲究：要请德高望重、儿孙满堂的女性长者制作，而且所用到的东西，都要到本村人口多、辈数全的大户人家去找。

在没有文字的年代，喜利妈妈起结绳记事的作用，是家族繁衍的标记。

有文字以后，家谱代替了喜利妈妈，喜利妈妈则被锡伯族人视为保佑子孙后代的象征供奉起来。

第三章

Chapter 3

扎布老人的故事

清晨，巴彦家的客厅里

这是我们每天都吃的锡伯大饼，配上自家腌制的花花菜，保准让你们回味无穷。

好香啊！

摆放的时候，要"天压地"，千万不能倒过来！

"天压地"？怎么压呀？

烙饼时，留下大花纹的一面是"天"，花纹细小的一面是"地"。

这种饼的吃法也很讲究，食用时必须"天包地"，小花向里，夹上花花菜。

你们吃个饼都这么讲究！

巴彦家的院子里

今天村里要进行骑射比赛，获胜者可以得到一头牛。

你们要不要一起去给爸爸当啦啦队？

白里，你也会骑马和射箭？

我上幼儿园的时候，爸爸就开始教我骑马、射箭了。

我要是也出生在锡伯族家庭就好了。

下个月我满10岁的时候，爸爸要送我一张硬弓当生日礼物，就是拉起来很费力气的那种弓。

巴彦家附近的骑射场

你能站着不动，把箭射到靶上吗？

我要是上场，肯定也可以！要知道，我可是名副其实的神箭手！

您就等着瞧好吧！哎哟，这弓怎么这么沉啊？

哈哈哈哈哈

射成这样还敢吹牛说自己是神箭手？

这把弓也太重了，不好用！

扎布爷爷骑马射箭可是我们村最厉害的，他要是上场，肯定能赢到那头牛！

这才是真正的神箭手！

博士嫌弓沉，可老爷爷用起来却很轻松。

老喽，不跟年轻人争了，我还是留着精神头儿今晚给你们讲故事吧！

傍晚，扎布爷爷家

爷爷，这是我爸爸送给您尝鲜的。他今天下午和叔叔一起去打围，猎到好多猎物呢！

就凭你爸爸那箭法，哪次打围不是满载而归？

扎布爷爷，您今天要给我们讲什么故事呀？

讲一个不过瘾，我要听两个！

哇，一听开头我就被吸引住了。

今天爷爷就先给你们讲个《接生婆的奇遇》吧。深秋的夜来得很早，刚吃过晚饭，就掌灯了……

扎布大叔是我们村里最能讲故事的人，他肚子里有很多关于锡伯族的民间传说。

突然，从村子的南边传来急促的马蹄声，由远而近，越来越逼近村口。

是谁骑着马来了？

顿时，各家的狗纷纷叫了起来，狗的叫声盖过了马蹄声。

不一会儿，这辆马车就在村东头的接生婆春花家门口停住了……

想不到在这里能听到这么好听的故事。

然后呢？

31

接下来这个故事叫《桑树神的传说》，可好听了！

这次谁也不准打断扎布爷爷！

沈阳城北百儿八十里的地方，有一座山叫七星山。山上有一座石佛寺……

这些故事比我从书上读到的还有趣！

肯定跟那棵桑树有关系！

故事有趣吧？就是这些故事，在我小时候每晚陪着我进入梦乡。

寺院里长着一棵出奇茂盛的桑树，每年树上都结满了桑葚。村里人不管大人孩子，都爱吃这一口儿。奇怪的是，这里很少有人生病……

# 锡伯大饼

锡伯族人几乎每天都要吃用面粉、碱面和水制成的锡伯大饼。这种饼在锅中烙出来，一般直径有三四十厘米，厚度约一厘米。烙制时两面形成的花纹不一样，有大花纹的一面叫"天"，有小花纹的一面叫"地"。

这种饼摆放时必须"天"压"地"，掰成四块摆在桌沿一边，体现了锡伯族的天地观念和民族习惯。

吃锡伯大饼时要"天包地"，锡伯族人喜欢佐以用剁碎的韭菜、包包菜、红辣椒等腌制的花花菜，让人口舌生津。

锡伯族在饮食上有许多规矩，除了吃锡伯大饼时要"天压地"和"天包地"，还有吃饭时不能坐门槛或站立、行走，禁止用筷子敲打饭桌、饭碗，禁止把筷子横放在碗上。

# 花花菜

在锡伯族众多的菜肴中,有一道菜的名字非常特别,叫作"花花菜"。那么,究竟什么是"花花菜"呢?

花花菜是锡伯族人平时特别钟爱的一道菜,它的原材料取自一些常见的蔬菜,如韭菜、青辣椒、红辣椒、胡萝卜、芹菜等。

花花菜的制作方法非常简单,就是把这些蔬菜洗干净后切成丝,加盐后放入容器内腌制,根据自己的口味决定腌制时间长短,取出后稍加搅拌就可以吃了。因为蔬菜花花绿绿的颜色看起来像花朵一样绚烂,所以就被叫作"花花菜"。

花花菜清淡爽口,营养也很丰富,所以成了锡伯族人饭桌上必不可少的一道美味。锡伯族人常常做馒头、发面饼子、面条、水饺等主食来与"花花菜"一起食用。如果你有机会去锡伯族人家做客,一定要尝尝这道美味菜肴!

# 打围

打围又叫撒围或狩猎，也称打猎，是锡伯族的传统生活方式。

锡伯族人运用世代相传的娴熟箭法狩猎，野猪、野鸭、野兔、黄羊等是他们餐桌上常见的野味。

**锡伯族人打围有个古老的习俗，不管猎取的野味多少，所有参加者都要平均分配，分猎物时即便是路过的人也会分得一份。这是因为锡伯族人认为，猎物是大自然赐予大家的，不是属于某一个人的，不能独享。**

而猎物的头和蹄子会作为一种奖励，分给首先射中猎物的人。

# 锡伯族民间故事

　　故事是孩子们认识世界的最早的启蒙方式，孩子们在故事里长大。锡伯族的民间故事被一代代锡伯族孩子带进了梦里，成为他们茁壮成长的养分。

　　锡伯族的民间故事是我国少数民族文学中一个重要的组成部分。这些通俗易懂、妙趣横生的故事在锡伯族人中世代相传。

　　锡伯族的民间故事内容分为几大部分：

　　1. 神话传说，比如《鲜卑兽的传说》；

　　2. 风物和民俗传说，如《喜利妈妈的传说》；

　　3. 历史事件和历史人物传说故事，如《包大人》。

第四章
# chapter 4

飞车走壁

清晨，巴彦家门口

我们租的车到了。谢谢你！

白里，我们该走了，继续去寻找霍曼。我没办法跟你学骑马射箭了。

那个霍曼把伤养好了，随时可能找你们的麻烦。把阿黄带上吧，以防万一。

等你们找到霍曼，就回来学骑马射箭。阿黄，照顾好我的新朋友们。

沈阳北市场

北市场有很多小吃，来到沈阳怎么能错过这里？

爱找借口的"吃货"！

黏豆包、老边饺子、打糕、冷面、水豆腐、酸菜粉……哇，这么多东北特色小吃！

那个大木桶是干什么用的呢？

是啤酒桶吧？围着它的人那么兴奋，肯定都是爱喝酒的人。

不对。啤酒桶上面是密封的，这个大木桶却开着口。

飞车走壁，听着就特刺激！我已经等不及了！

我几年前看过一次，一直念念不忘。

博士，你怎么了？

我知道这个大木桶是干什么的了——是用来表演飞车走壁绝技用的！

这个绝技我早就想看了，今天运气真好，竟然在这里碰上了！

桶底有几个骑着摩托车的演员，准备开始表演了。

飞车走壁到底怎么个"飞"法？

难道他们能骑着摩托车飞到大木桶上？

你想多了吧？那怎么可能！

原来他们真的能骑着摩托车飞上墙壁！

他们速度好快，"嗖"一下就从我眼前"飞"过去了。

嘘！别说话，更精彩的马上开始了。

骑得这么快却不扶车把，他是不是不要命了？！

太危险了！要是从木桶壁上掉下去，后果不堪设想！

所以才叫绝技嘛！哎呀，太刺激了，我的心脏都要从胸口蹦出来了！

光是飞车走壁就够惊心动魄了，他们竟然还做出技巧这么高难的动作。

惊险，刺激！

我几乎一伸手就能碰到飞驰而过的摩托车！

这简直是冒着生命危险在表演！

最精彩的来了！双人摩托车大回环！

这也太吓人了！两辆车一不小心就会撞到一起！

蔡家的后人，和创造这绝活儿的蔡少武一样了不起！

这要是撞了车掉下来可怎么办啊！

蔡氏飞车走壁的绝活儿，可是沈阳的骄傲，当时一亮相就轰动了全国。

在澳大利亚等地演出时，因为太惊险，被当地人称为"死亡飞车"。

# 黏豆包

沈阳有很多有东北特色的小吃，如老边饺子、杀猪菜、小鸡炖蘑菇、黏豆包等。

其中黏豆包又称豆包，不仅好看而且好吃，是东北的特色食品，也是家家户户过年过节时必备的美食。

包黏豆包的时候，大娘大婶们喜欢凑在一起，把黄黏米和糯米都准备充足，有人负责弄馅儿，有人负责弄皮儿，边聊家常边忙着手中的活计。

东北的冬天很冷，有零下二十几度甚至三十几度。此时东北人直接把包好的黏豆包摆在室外。很快，黏豆包就结结实实地冻上了，方便储存。

# 中国国宝级杂技节目

蔡氏飞车走壁技艺，是由全国著名杂技艺术家蔡少武于20世纪50年代在辽宁省沈阳市创建的。这是一种在木桶或在圆形铁球内进行飞车（一般为摩托车或自行车）走壁的高难度表演技艺。

蔡氏飞车走壁技艺将惊险与技巧相结合，集体育与杂技于一体，被称为中国国宝级杂技节目。

这种表演在国内和国际上都引起了巨大的轰动，比如1980年，一个巨型木桶坐落在广州文化公园，蔡氏飞车世家在这里进行精彩刺激的飞车表演，观众为了一睹精彩表演不惜排好几个小时的队去购票。

# 飞车走壁的秘密

　　蔡氏飞车世家的杂技演员为何可以骑着摩托车或自行车，从平地驶向峻峭陡立的桶壁，还能自如地转圈却掉不下来呢？ 其实这里有个科学原理：任何做圆周运动的物体，都会受到离心力的作用。离心力的大小，随物体的运动速度而变化，速度大时，离心力就大。

　　木桶飞车走壁表演的舞台是圆形大木桶，桶壁几乎垂直于地面。当车子沿大木桶的桶壁做高速圆周运动时，会产生很大的离心力。正是这股离心力将车子推向桶壁，这时车子就像被吸在桶壁上一样，不会落下来。

# "死亡飞车"

　　巨大的离心力虽然可以让车子紧紧贴在桶壁上，却让演员吃尽了苦头。因为此时在走壁的飞车上无论是轻轻地举一下手还是抬一下脚，都像举起百斤那么重，更别说做各种高难度的动作了。

　　在强大的离心力作用下，人体的血液会沉向下半身，初练飞车走壁的演员往往会因脑部缺血而出现眼前发黑甚至暂时失明的现象。就连训练有素的老演员，表演结束时也会感到四肢发沉。而且当飞车到达顶端时，很容易连车带人被抛出木桶。也难怪在国外演出时，这种惊险的绝技被称为"死亡飞车"。

第五章

# Chapter 5

## 修旧如旧

一定有什么秘诀!

东北地区冬天特别冷,寒冷的天气对古建筑损害很大。可这沈阳故宫建筑上的彩画却保护得完好无损。

博士,您看什么看得这么入迷?

师父,您放心吧,我一定做个合格的守护古建筑的画匠。

师父,这内檐的彩画是您好多年前修复的,现在看还是和整个建筑浑然天成啊。

俊儿,你一定要好好揣摩地仗彩绘这门独特的技艺。

难怪你说自己是画匠，原来是用油漆在古建筑上画画。

难道这就是沈阳故宫可以在冬天这么寒冷的东北地区几百年来依然保存得完好无损的诀窍？

当年修复沈阳故宫建筑上的彩绘时，我们用的是东北古建筑传统地仗彩绘技艺。几十年过去了，效果依然很好。

画匠跟守护古建筑有什么关系呀？

地仗？好奇怪的名字。

地仗是一种中国传统土木工程技法，就是在木质结构上覆盖一种衬底，以防腐防潮。

古建筑经常受到风雨侵蚀，容易霉烂受损，而在上面用油漆画彩画，不仅好看，还可以保护建材不受侵蚀。

东北古建筑传统地仗彩绘技艺，和其他地方的不一样？

东北地区冬季高寒，冬夏温差大，湿度差异也大。所以，我们的地仗工艺中采取了一些独特的技艺。

比如我们用的油漆，是用自制桐油加入银朱等颜料调配而成，耐晒、防干裂。

用它给建筑物画画，是不是像在建筑的皮肤上抹了一层防晒霜？

银朱我知道，它可以防紫外线。

修古建筑彩绘的画匠可是很需要耐心的。你怎么想起来做这一行呢？

我们村有一座古老的寺庙，上面画着精美的《西游记》彩画。因为年久褪色，想找个师傅修复一下。

它没那么幸运。因为我们请来的是一个野蛮的破坏性修复的匠人。

是不是也修得这么完美？

哎，我路过那里的时候已经晚了，那些图案被涂了一层红漆，古老的彩画已经彻底被破坏了。

村里人都很难过。从那时候起，我就决定跟着师傅学艺，做一名真正的画匠，保护古建筑。

可恶！我还听说一些画匠图省事，在修复古建筑时，会把原本有特色的彩画随意套用"模板"来画，因为这样可以偷懒。

真正的古建筑画匠，"修旧如旧"。要做到这一点，他必须了解相关历史，文化，古建筑彩画内容的氛围、典故，而这些修养需要长期积累才能形成。

沈阳故宫，凤凰楼

哇，这里视野真好！

凤凰楼是整个沈阳故宫的最高点，在这里可以看到沈阳城的全景。

我好像看到霍曼他们在那根烟囱附近晃悠。

难怪叫凤凰楼，这凤凰图案可真漂亮！

这些图案因为年代久远，暗淡了不少，是我师父修复了它们，让它们再次焕发夺目的光彩。

阿黄一定是因为闻到了那个坏蛋的味道，才一路追来的。我让电子蜻蜓去打探一下！

在沈阳故宫博物院里，收藏着皇帝御用的东珠朝珠。

头儿，东珠很值钱吗？

东珠可是皇家御用的宝物，价值连城！

——咔嗒

这个浑蛋，竟然又打起了东珠的主意！

沈阳故宫博物院收藏的皇帝御用东珠朝珠仅一盘，但这是我国所收藏的20盘朝珠中最珍贵的一盘。

当时真应该让阿黄和小黑再多咬他几口，太可恶了！

# 分等级的屋顶

中国古建筑非常讲究，其特点之一便是传统屋顶。屋顶好似帽子，能显示建筑的地位，使人一目了然。一看屋顶，人们就能判断出这座古建筑的等级，是民宅、庙宇，还是宫殿。

庑殿顶（单檐）

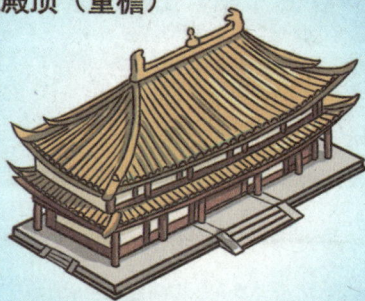

庑殿顶（重檐）

庑殿顶是中国古建筑中最高等级的屋顶样式。明清时期，庑殿顶只能用于皇家和孔子的殿堂，又以重檐庑殿顶最为尊贵。

但这些屋顶常年暴露在自然环境中，饱受风吹、日晒、雨淋，很容易受损。聪慧的劳动人民便想出了用油漆彩画来保护古建筑不受到侵蚀的好办法。

# 东北传统地仗(油饰)工艺

东北传统地仗（油饰）工艺是用桐油、棉麻、面粉、血料等多种材料在木构件表面上披麻、搂灰，经过近30道工序，对建筑形成一层特有的保护。经过这项传统技艺修缮的古建筑至今依然保存完好。

东北古建筑传统地仗（油饰）工艺是我国非常独特的传统手工艺，见证了东北地区几千年来建筑的发展历史，具有鲜明的东北地域特点。

由于东北地区具有冬季高寒、冬夏温差大、湿度差异大的气候特征，匠人需要在地仗工艺基础上加入一些独特技艺，包括根据季节来调整桐油与血料的配比，根据光照调整施工时间、采取局部遮挡措施，伏天不施工，等等。

传统的地仗材料和工艺使构件表面变得坚实耐久，再经过油饰，不但能延长建筑物的使用寿命，也可达到美观的目的。

东北古建筑彩绘在用料和技法上与其他地区有所不同，所绘彩画中有一部分是清代的官式彩画，但画面总体色调偏暗。

另一部分是特有的寺庙彩画，这类彩画不拘一格，各式彩画符号并用，表现手法更加灵活，有金顶墨、墨顶金、小红花等独特技法。

东北古建筑彩画记录了一些地方特有的图案，对于研究历史上的东北地区文化有着重要的参考价值。

# 沈阳故宫里的烟囱

在沈阳故宫的清宁宫旁，竖立着沈阳故宫里唯一一根地上烟囱。

地上烟囱是满族人住宅的典型特征之一。满族人在长白山地区生活时期，房屋都为木材建造，为了防火，烟囱只能竖在与房屋有一定距离的地面上。而沈阳故宫也保留了这一习俗。

沈阳故宫还保留着独特的"宫高殿低"布局，比如凤凰楼高三层，是后宫的门户，也是整个皇宫的制高点。这与北京故宫三大殿建在高大台基之上象征皇权至上的做法截然不同。这是因为满族部落生活在山区时，首领居住在最高处，既可以俯瞰全部落，又可以保证自身安全。

第六章

# Chapter 6

## 采珠人

深夜，沈阳故宫内

怎么只有几个爪牙？
霍曼呢？

!!!

我们头儿才不会
随便出马呢！

那个浑蛋这
真是狡猾！

他正藏在一个安全
的地方指挥行动，
想找到他，做梦！

感谢你们提供的线索。我叫费扬古，是负责这次抓捕行动的民警。
可惜跑了一个！
虎子，把这几个人带回公安局审问，一定要查出那个霍曼藏身的线索。
是！对了，明天下午的珍珠球比赛，你这个蛤蚌手可千万别迟到了！
哈
哈
哈
哈哈，有我在，你这个敌队的得分手别想用抄网网住一个球！
我怎么一个字儿也没听懂？！
!?
那就去看比赛呗，保准你们大呼过瘾！

宽阔的操场上

加油！

加油！

其他球赛的球网都是不动的，这个什么珍珠球的球网却动来动去的。

费扬古叔叔手里的球拍真奇怪啊！

这球拍模仿的是蛤蚌壳的形状。

球拍阻止珍珠球落入球网，就像蛤蚌在抵抗，不让采珠人取走壳里的珍珠。

球赛怎么会跟采珍珠扯上关系？
你们说的采珠人，是指采捕东珠的渔民吗？
珍珠球运动，本来就是三百多年前由采珠人创造的。
正是。比赛到中场休息时间了。
场上14名队员如同在江里采珍珠的采珠人，而抄网就是打捞珍珠的渔网。
我没骗你们吧？看珍珠球比赛是不是很过瘾？
当时的采珠人每年有半年不能回家，就创造了这种游戏打发时间。

哎，哪颗东珠没沾上我们采珠人的血汗？

硕大饱满、圆润晶莹，而且还能散发出五彩的光泽……

不愧是皇上最喜欢的东珠。

半年时间不能回家，每天还得冒着生命危险下水，日子太难熬了！

松花江边

阿布凯，亏你想得出来，把猪尿泡洗净了，吹满气当球。

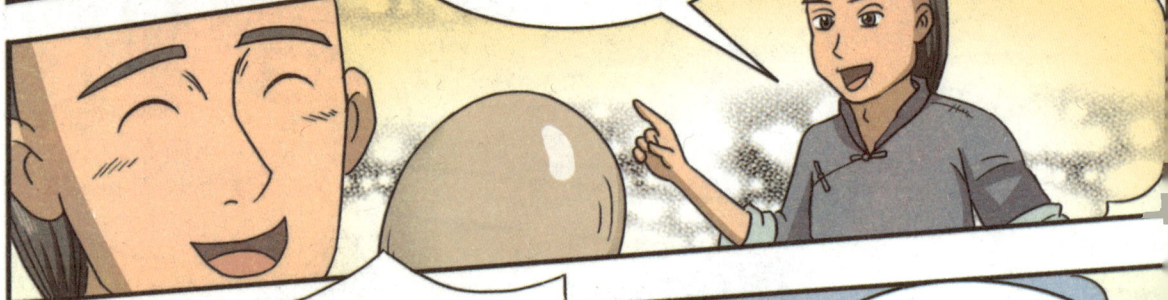

快把"珍珠"传给我，我把它投到采珠用的抄网里。

有了这游戏解闷儿，我觉得日子容易打发多了。以后没事时我们就玩儿这个！

我这"蛤蚌精"才不会让你轻易得手呢！

# 让人痴狂的珍珠

珍珠自古以来就是统治者权力和财富的象征，古代帝王和权贵们对珍珠的追逐到了近乎痴狂的程度。比如慈禧太后，她点缀在最喜欢的一件衣服上的大珍珠就有420颗，中等大小的珍珠1000颗，小珍珠1500颗。

东珠的采捕十分艰难，尤其是上等东珠更得来不易。有时在成百上千的珠蚌中才能得到一颗上好的东珠。乾隆帝在《采珠行》中忍不住发出感慨："百难获一称奇珍。"

价值连城的东珠，在清朝时是皇家御用的宝物，只有皇帝、皇后、皇太后才有资格佩戴。

和珅被抄家时，搜出了一串由60多颗大东珠制成的朝珠，于是嘉庆皇帝给和珅定罪的时候，加了一条"私藏禁物"。

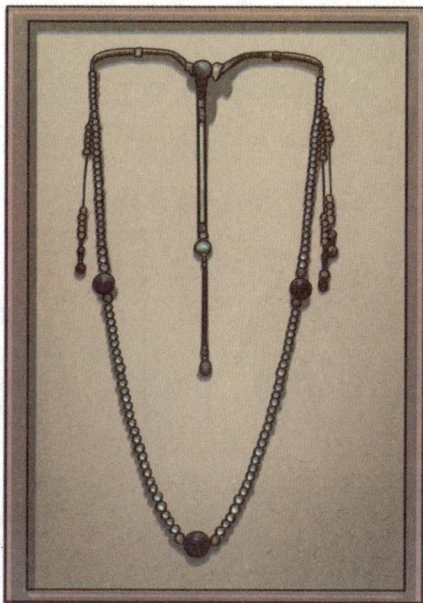

# 采珠丁

　　松花江中盛产极品珍珠，被称为"东珠"，每年都由专人采珠上贡朝廷，这些采珠人被称为"采珠丁"。

　　采珠丁要在冰冷的江水中下潜到15米以下的水底才能采到巨蚌。那时候没有现代的潜水装备，采珠丁在水底停留的时间短了采不到珍珠，时间长了就可能会窒息或冻死。

　　此外，采珠丁还随时可能被暗流卷走，被漩涡吞没，或葬身鱼腹。每年为采珍珠葬身江河者数不胜数，被世人称为"以人易珠"。

　　而采珠期间，采珠丁半年不能回家。为了打发难熬的日子，坚强而聪慧的采珠丁们"苦中作乐"，创造了这种"采珍珠"的游戏。后来由满族人传承下来，成了一种体育竞技项目，称为"珍珠球"。

# 珍珠球

珍珠球运动模仿采珠人的劳动情景，比赛时，运动员可在"水区"内任意传、投、拍或滚动"珍珠"（球），力争让手持抄网站在得分区内的本方队员采到"珍珠"。

场上攻守往复，银球穿梭飞舞，过程紧张激烈，是一场力量、速度与耐力的激烈比拼，令人目不暇接。

每场比赛中有两个队参加，每队参赛队员为7人，水区4人，称采珠手；防守区2人，称蛤蚌手；得分区1人，称得分手。

4名水区队员通过传、运球等技术性动作，突破对方水区队员和防守区蛤蚌手的防守，将球投入本方得分手抄网中即得分。

# 中国最早的"潜水员"

采珠人是中国最早的潜水员。在科技不发达的古代，没有任何保护工具，采珠人能屏住呼吸的时间很短，所以潜水时间也很短。

他们一般是把细绳拴在腰间，手持猪尿泡等可以储气的装置，赤身下水。如果遇到险情，就赶紧拽绳子。船上的人立即拉动绳索，把他们拽出水面。

这种屏住呼吸、赤身下水的潜水方法在我国历史上延续了很久。到了明代，潜水技术开始有了较大的进步，出现了简单的潜水工具。《天工开物》中就曾叙述了穿甲入水的方法：入水的人员头上戴有大面罩，面罩上连着一根长长的皮质水管通出水面。这在当时，绝对算高科技了。

但这种方法并不普及，到了清朝时，仍然有很多采珠人赤身下水。

第七章

# Chapter 7

# 赛熊掌

 扫码获取

☑ 角色头像
☑ 阅读延伸
☑ 趣味视频

和平区鹿鸣春饭店门前

瑞瑞，这就是你随便选的填饱肚子的地方？

嗯！鹿鸣春饭店的辽菜，可是超级出名的！

对吃货来说，果然没有什么事情比吃更重要。

美食怎么可以随便选呢？吃得好我的大脑才能想出办法找到霍曼的下落！

阿黄，你乖乖待在门口，一会儿给你肉骨头吃。

鹿鸣春饭店的大厅里

你们竟然吃受国家保护的野生动物！太过分了！

打电话举报他们！

"赛熊掌"可是辽菜中的一道名菜，我们每次来都必点。

你们误会了。这道菜是用牛肉、猪皮和牛蹄筋做的，不是真熊掌。

那味道，堪称一绝！

那还等什么？赶紧给我们来一盘！不，两盘！

75

这些菜看起来好漂亮，我都不舍得吃。

小鸡炖蘑菇和杀猪菜是辽菜中的民间菜，就是百姓家中常见的菜肴。

好丰盛！我以前以为东北菜只有小鸡炖蘑菇和杀猪菜。

满汉全席

难道除了民间菜，辽菜中还有宫廷菜？

当然！像你们桌子上这道"掌上明珠"，就是宫廷菜中的一道代表菜。

宫廷菜是辽菜的精华，菜名都富有诗情画意，如凤还巢、宫门献鱼等。

"掌上明珠"？名字真好听！

味道醇厚香浓，太美味了！

醇厚香浓正是辽菜的特点。你们再尝尝这道"游龙戏凤"。

海参爽滑，鸡肉烂而不柴……

想不到这位小朋友竟然是资深"吃货"！

瑞瑞在吃的方面可有学问了，别的方面嘛，嘿嘿……

"游龙戏凤"是辽菜的代表菜之一，很费工夫，没一天时间做不出来。

哇，白菜竟然这么好吃？！

这白菜炒得很软烂，可是菜形却摆得很整齐。

这是因为辽菜的烹饪手法里有一种独门绝技——"扒"。

扒？怎么扒呀？

**?**

也就是"大翻勺"——之前摆好菜形，菜翻转后重新落到锅里，形状一点儿也不改变。

做辽菜的厨师会玩杂技？我要去看看！

厨房里

锅里可是有烧热的油，万一洒出来……我也躲远点儿！

躲远点儿！万一他手一滑，锅就要砸在我的脑袋上了！

动作连贯又潇洒，像在练中国功夫！

这个叫"凤凰单展翅"，是颠勺绝技。

胆小鬼，你刚才可不是这么说的！

这锅好沉啊……可厨师却翻得那么轻巧!

得学会用巧劲儿。你看看郭师傅怎么翻勺就知道了。

好神奇!一点儿也没散开。

锅里切碎的菜品原料,在空中这么翻转,竟然还是拼在一起的。

大翻勺后菜形完整不散乱,只不过是"扒"菜神功的基本要求。

当初为了练就这"神功",我日夜苦练,肩膀酸了好些天呢!

# 辽菜

辽菜有3000余年的历史。在辽阳出土的汉墓的庖厨壁画证明，东汉时期辽阳一带的烹饪技艺已具备相当水平。

**辽宁有山有水，食材丰富**：来自辽东半岛的珍贵刺参、对虾、紫鲍及各种鱼类；产自山区的山鸡、野兔等山珍；产自山区的猴头蘑、蕨菜、大叶芹、山楂、板栗等山菜、山果。

名贵而丰富的烹饪原料，使辽菜显示出独有的地方特色。

# 火候炉火纯青

在辽菜长期的发展过程中，开发出了一系列独具风味名菜，如酸菜粉、小鸡炖蘑菇、鲇鱼炖茄子、杀猪菜等。这些菜在东北菜馆中基本上都可以吃到。

这导致很多人认为，东北菜就是乱炖，其实这是对东北菜产生的很大的误解。

辽菜融合了满族、蒙古族、朝鲜族、汉族等各类民族菜的特点及东北地区食材的优势，菜品丰富，季节分明，口味浓郁，造型讲究。

醇厚香浓是辽菜风味的主要特征。因为东北地区气温低，所以人们喜欢热食，故而辽菜烹饪十分讲究火候，擅长使用烧、炖、扒、爆、熘、拔丝、小炒、酱等烹调方法，火候的运用到了炉火纯青的地步。

赛熊掌

游龙戏凤

掌上明珠

宫门献鱼

扒白菜

# 什么是"大翻勺"

大翻勺中的"勺",指的是炒菜用的带柄铁锅,形如勺子,俗称炒勺。烹制热菜时,大翻勺是将原料与锅、勺协调配合的一种厨技功夫,对于扒类菜品的制作,比如扒菜胆、海参扒肘子、扒白菜等,这是非常关键的步骤。

掌握好大翻勺技艺,能让菜品入味更佳、提香增亮、造型美观。

# 胆识与力量结合的技艺

菜品原料初步制熟后，用水淀粉勾芡，再沿锅边淋入适量的明油，为大翻勺做准备。

大翻勺的最佳时机，是当锅中油温达到180℃时，将锅离火，搁在炉灶边缘晃动，节省体力的同时，让锅内菜品原料随之晃起来，借着这个巧劲儿，大臂带动小臂，轻轻一抖，使菜品原料腾空180°翻转，随着重力下落，顺势让炒锅与菜品原料一同落下，将其接住。

大翻勺是将胆识、力量、灵活和细心集于一身的技艺，讲究"稳、准、狠"，要达到出神入化的境界，需要长年累月的刻苦练习。

稳

准

狠

第八章

# chapter 8

# 撕 纸

 扫码获取

☑ 角色头像
☑ 阅读延伸
☑ 趣味视频

沈阳中街

这是中国第一条商业步行街。

你们说霍曼到底藏哪儿了？怎么一点儿线索也没有。

别管他了，我们先继续寻找能唤醒水晶石项链的味道吧。

我爷爷家也挂着一个这样的纸葫芦，爷爷可宝贝它了。

这是从"李氏掐褶纸"买的，他们正在中街那边展览呢。

用纸能做出这么多造型？！

这大缸里的白菜是用纸做出来的？

还有这个壶，也是用纸做的？

这两个应该是清朝的皇帝和皇后吧？连表情都这么生动！

这些小人儿做得可真形象！

把纸平铺在桌子上，指尖用力往上搓纸。

那有什么关系？是褶就行呗！

快看我的杰作！

你掐出来的褶大的大，小的小，一点儿也不均匀。

褶要上下、宽窄统一均匀才行。

这个看着简单，我就做它好了。

50个一模一样的褶，要一个一个地用手掐吗？

这个小玩意儿需要50个褶，从第1个褶开始，到第50个褶，要一个宽度、一个高度掐下来。

这已经是最简单的了。如果做一串葡萄，褶比这个多得多，而且最窄的只有几毫米。

我才不要折葡萄呢！那么多那么小的褶，不是给自己找麻烦吗？

而且特别逼真！你们看到那盆菊花了没？我一直都以为它是真的！

想不到一张普通的纸，掐褶后就能制成各种工艺品。

那些饺子皮、饺子馅儿才牛呢！把我这个"吃货"都骗了！

好看是好看，但太难折了。我的手指已经开始抗议了！

掐纸需要足够的耐心。要是折葡萄的话，一整天都未必能做完。

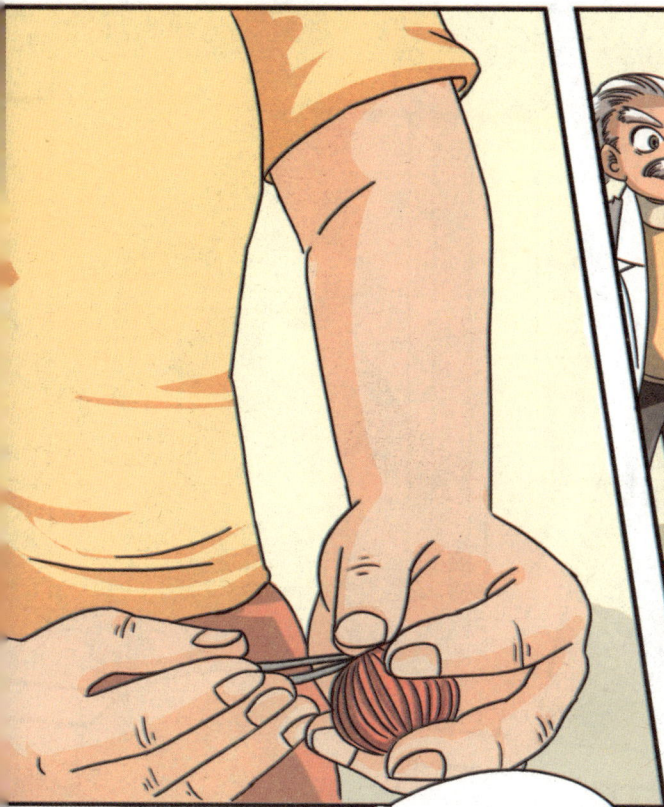

我们李氏掐褶纸技艺主要有六道工序，其中最难做的就是掐褶和做形。

劲儿用得有点儿大，小灯笼被我捏扁了。

博士的灯笼做得可真丑，还是我们女生更心灵手巧！

那就请两位女生向我们展示一下你们"心灵手巧"的作品呗!

你是不是看错了?要真是霍曼,阿黄第一个就追上去了。

我看到霍曼了!

还有一种可能——霍曼换了香水!

# 东北第一街

沈阳中街最早的名称叫 "四平街"，寓意四季平安。因其位于沈阳古城中央，又被百姓称为中街，有 "东北第一街" 的美誉，是中国第一条商业街，距今已有近400年的历史。

沈阳中街当时有鱼行、铜行、皮行等9个行，金银市、马市、灯市等16个市。其中铜行是制作和买卖铜锡器皿的场所，香炉、蜡台、铜火锅、乐器等应有尽有。

东北冬日严寒，皮行生意兴隆，皮衣、皮帽、皮鞋及马具等，都在这里进行交易。

16个市也是热闹非凡，每天一大早，金银商人就赶到金银市出售首饰。

# 皇帝建造的步行街

有意思的是，这中国第一条商业街，竟然是由皇帝建造的——1625年，努尔哈赤把都城迁到沈阳，修建皇宫的同时，在皇宫后面修建了这条商业街。

努尔哈赤

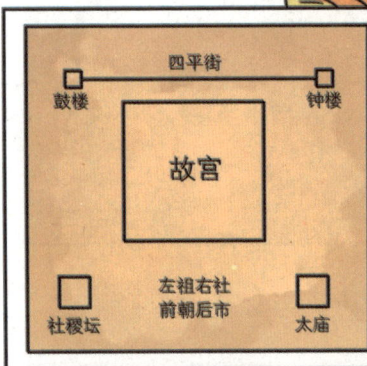

努尔哈赤为什么要这么做呢？难道这位皇帝特别爱逛街，所以干脆就把商业街修在了皇宫附近？

原来，修建皇宫时要按照"左祖右社，前朝后市"的祖制，皇城前面是朝廷（上朝听政），后面是市场（商业中心），左边是太庙（祭祀祖先），右边是社稷坛（祭祀土地五谷）。

四平街
鼓楼　　钟楼

故宫

社稷坛
左祖右社
前朝后市
太庙

商业街建立之后，丝房、茶店、钱号等各种商铺开始进入四平街，其中最早的老字号店铺是"天合利"丝房，创办于清康熙十五年（1676）。

而丝房中的佼佼者则直接成为中街的标志性建筑——吉顺丝房。

# 纸葫芦

在东北地区，有端午节挂纸葫芦的习俗。

葫芦本为藤本植物，藤蔓绵延则寓意万代绵长，人们认为葫芦象征家族人丁兴旺。而且葫芦一般开口小，易进不易出，人们认为把它悬挂在门口可以招财，还能保家人平安。此外，葫芦谐音又为"福禄"，人们认为它代表吉祥如意。

因为这个独特的习俗，东北地区就有了一种独特的手艺——掐纸葫芦。一户姓李的人家，为了养家糊口，便开始从事这个行业。没想到一代代传承下来，练就了一手好活计，成就了李氏远近闻名的掐褶纸技艺。

# 掐褶纸技艺

把一张张普通的纸，掐出疏密相间、上下宽窄统一均匀的褶皱，然后手工制作成各种富有立体感的造型，就是掐褶纸工艺。

在掐纸艺人的巧手下，原本简单的纸，变成一幅幅生动的立体画：既有人物，又有动物；既有瓜果蔬菜，又有怒放的花朵。

在李氏掐褶纸技艺中，光花的造型就有近百种，或含苞待放，或群芳斗艳，让人大饱眼福。瓜果蔬菜等纸艺品，也是含珠带露，活灵活现，令人拍手叫绝。

李氏民间掐褶纸技艺，主要有六道工序：选料、裁纸、掐褶、做形、粘贴、组装。每一道工序都要精细操作，其中，最难做的就是掐褶和做形。

第九章

# Chapter 9

## 木酒海

 扫码获取

- ☑ 角色头像
- ☑ 阅读延伸
- ☑ 趣味视频

这四合院雕梁画栋，是我喜欢的中国风。

我看到霍曼了，他就在前面！

大青楼前

霍曼拐进这栋楼里了。

刚才是中式四合院，而这大青楼却是典型的罗马式建筑。

机器猫，你还有心思想这个？快追吧，别让霍曼又跑了！

大青楼的老虎厅

难怪叫老虎厅，原来摆了两只东北虎！

虽然这两只东北虎都成了标本，但是看起来还是很威风！

丁零

是霍曼！快追！

小青楼

今天是费扬古的生日，他邀请我们去他家吃晚饭。

这电话来得真不是时候。因为它，霍曼发现了我们，溜掉了。

我今晚要把费扬古家的食物都吃光！

这酒实在是太好喝了，我特别喜欢细品那股酱香味。

老龙口白酒浓头酱尾，是名副其实的玉液琼浆，是沈阳的骄傲。

哈哈哈

教授，你的口水都喷到我脸上了！

老龙口白酒可是康熙、乾隆、嘉庆、道光四个皇帝巡视盛京时的御用贡酒。

这么好喝的酒是怎么酿出来的呀？

米老哥是老龙口酒厂的酿酒师，这酒是他亲手酿造的。

龙潭水

我们酒厂酿酒的水来自院子里的一眼古井，被称为"龙潭水"。

那是个地穴式的酒发酵窖，是东北建得最早也是规模最大的窖池。

窖池是干什么用的呀？

他们酒厂的老窖池也了不得，被称为关东第一窖。

老窖池

窖池里有种类繁多的霉菌、酵母菌等微生物，酿出的酒是什么香味，全靠它了。

老龙口白酒好喝，还跟储酒用的木酒海有关。

这瓶酒是米老哥刚从木酒海里舀出来盛装的，特意带来给我们尝尝！

103

# 大帅府

大帅府又称少帅府、张氏帅府，是奉系军阀首领张作霖兴建的。这里也是张作霖长子——著名爱国将领张学良的官邸和私宅。

大帅府由东院、中院、西院和院外建筑四部分组成，各栋建筑风格各异：有中国传统风格的四合院，罗马风格的大青楼，中西合璧的小青楼……它们巧妙融合在一起，被誉为"东北第一名人故居"。

在大帅府曾发生过多起震惊中外的大事件，饱经沧桑的大帅府已成为东北近代历史的见证与缩影。

# 老龙口白酒酿造技艺

老龙口白酒酿造技艺起源于清代康熙元年（1662）。

在东北，人们习惯把酿酒的作坊称作"烧锅"。当时山西省太谷县酿酒商人孟子敬在盛京小东门外创建了"义隆泉"烧锅，后改为"万隆泉"。因该地相传为清代"龙城之口"，故称"老龙口"。

老龙口白酒的传统酿造技艺，是东北寒冷地区酿酒技艺的典型代表。它选用东北特产的优质高粱，延续"混蒸混烧"和"续糟发酵"这两个有特色的传统操作法，经过选料配料、清蒸排杂、醅料掺拌、蒸馏糊化、加曲加水、入窖发酵、出窖蒸馏、出酒储存等工艺流程，酿出的酒浓头酱尾，甘洌爽净，绵甜醇厚，回味悠长。

# 三宝

　　"老龙口"之所以能酿出在康熙、乾隆、嘉庆、道光四位皇帝十次东巡盛京时，都被指定为专用的御用贡酒，与"三宝"密不可分：

　　第一宝：老水井。

　　第二宝：老窖池，有"关东第一窖"的美称，是东北地区保存最完整、连续烧酒时间最长的老窖池群。

　　第三宝：老工艺。

　　其中第一宝的老水井，是指老龙口酒厂院内的一眼古井，水质清澈甘冽，素有"龙潭水"之称。地质专家经过勘察，发现这口老水井处于长白山余脉，井水与辽河水相联，而且古井位于辽河水上游，因此水质清澈透明，甘甜清爽，富含多种人体所必需的矿物质以及微量元素，非常适合饮用和酿酒。

# 木酒海

　　酒海是古代酒厂用来盛放酒水的木质容器，因盛酒量大，故称为海。酒海最神奇之处在于"会呼吸"，新酒放入酒海中长时间储存，就形成了香气浓郁的陈酿。

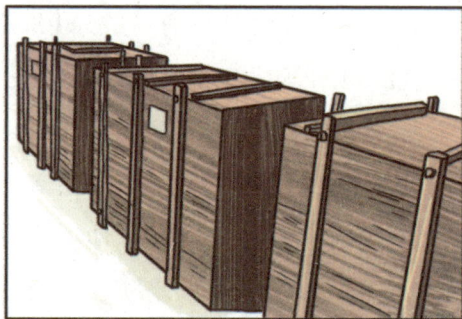

　　在辽宁曾经出土过一个木酒海，木酒海口和壁面用多层宣纸裱糊封存，后经专家研究发现，宣纸是用雄鹿血浸泡后层层裱糊，竟有1500多层。而里面装的白酒，已经储存了一个半世纪（151年），却依旧甘甜浓郁，是世界上窖藏时间最长的白酒，是中国唯一可以饮用的液体文物。

第十章

# Chapter 10

# 狼毫

 扫码获取

- ☑ 角色头像
- ☑ 阅读延伸
- ☑ 趣味视频

深夜，费扬古家

他们都睡熟了，那只狗也被送走了，正是偷项链的好机会。

啊！

啪！

额鲁，你的夹子夹住了好大一只野兔！

霍曼?！

如果不是额鲁的夹子，你这个指使手下偷东珠的主犯，怎么能现出原形？

哎哟，疼死我了！没事在院子里放什么铁夹子？！

我指使人偷东珠？有证据吗？哎哟，你轻点儿！

我这夹子是捕野兔用的，哪料到竟然逮到一个贼！

虎子，先送他去医院处理一下伤口，然后带回局里连夜审问。

上午，胡魁章笔庄前

我要选一支最好的狼毫毛笔！

"胡魁章"是老字号，道光年间就给朝廷专供毛笔。

胡魁章笔庄里

咦？他们怎么每人跟前放个水盆呀？

这是水盆工艺，需要用水把毛扎成需要的笔头形状。

水盆

干桌

那坐在他对面的师傅怎么不需要水盆？

制笔分为"水盆"和"干桌"两大工艺。对面是"干桌"环节，负责把笔头中多余的毛去掉。

李师傅正在择笔，就是把笔头中残次的杂毛摘除。我就是跟着她做学徒的。

这位奶奶表情好专注，根本没看到我。

一支毛笔那么多根细毛，要去杂毛得多难呀？

全靠眼看和手摸，一根一根检查细如发丝的笔毛，对技师的要求极高。

这笔庄一天能做多少支笔呀？

要经过126道工序才能制成一支笔。所以，每天只能做10支左右。

做一支笔需要126道工序?!

丁零零

霍曼那个坏蛋，才没那么容易交代呢。

一定是费扬古叔叔的电话！虎子叔叔肯定问出了他干的所有坏事！

博士，发生什么事了？

电话是我们家族的人打来的。他们说，霍曼在国外的亲信，今天一早乘坐飞机，直奔中国呼和浩特而去。

他们肯定是提前接到了霍曼的指派，又在计划搞什么事情！

事不宜迟，我们现在就得动身前往呼和浩特！

# 战国笔

笔、墨、纸、砚合称"文房四宝"，是我国历史悠久的传统书写工具。而位居第一位的毛笔，是何时出现的呢？

在距今六七千年的西安半坡遗址中出土的彩陶器上有许多线条流畅的图案，如人面纹、鱼纹、波折纹等，显然是使用类似毛笔的工具完成的。

1954年，在长沙左家公山清理一座战国楚墓时出土了一支毛笔，是用上好的兔箭毛制作而成的。这是我国迄今发现的最早的毛笔实物，也是世界上最古老的毛笔，被称为"战国笔"。因为长沙在古代属于楚国，所以它又被称为"楚笔"。

# 胡子做的毛笔

　　毛笔是中国文化的象征，古时候的很多皇室贵族，甚至把毛笔当作显示自己权贵的象征，用金、银做笔杆，并镶嵌上玉、象牙等珍贵的装饰。

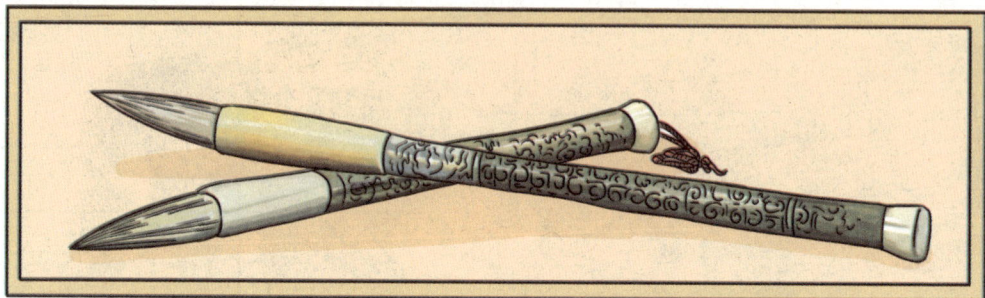

　　而制笔用的毛，也是千奇百怪，有兔毛、猪毛、鹿毛、羊毛、鸡毛、老鼠毛，最奇葩的是，还有人用胡子来制作毛笔。

　　《岭表录异》里记载，岭南做毛笔的工匠，因为喝醉了，把太守交给他用来做毛笔用的兔皮给弄丢了。岭南没有兔子，兔皮可是稀罕物。笔匠找不到兔皮来替代，怕受罚的他只得割下自己的胡子做了一支毛笔，心情忐忑地上交给了太守。没想到，太守却对这支"胡子笔"赞不绝口。

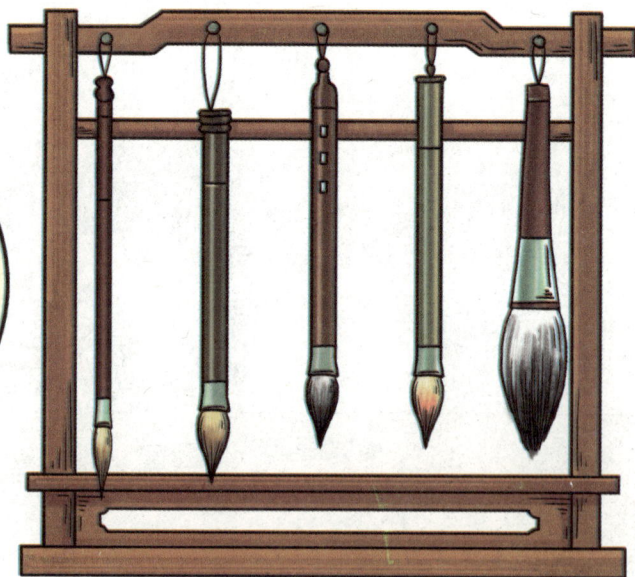

# 狼毫

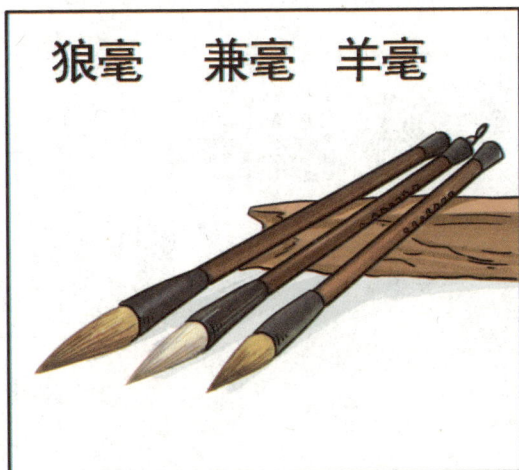

狼毫　兼毫　羊毫

胡魁章笔庄生产的毛笔以狼毫、兼毫、羊毫三大系列为主，有"青山挂雪""一品当朝"等40余个品种，是中国三大名笔之一，道光末年起开始供奉宫廷。

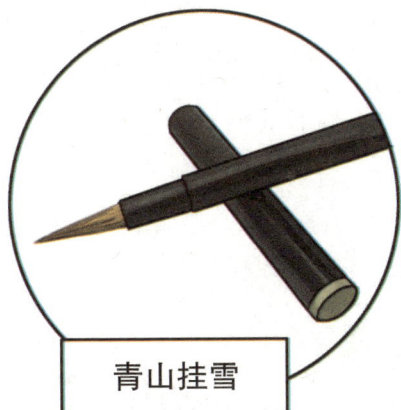

青山挂雪

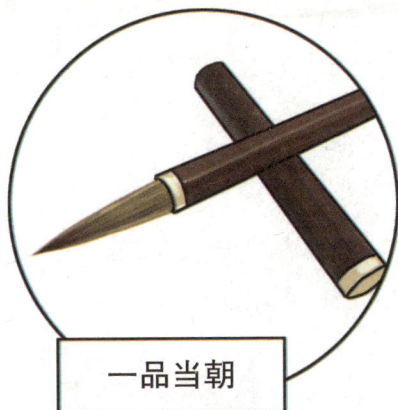

一品当朝

其中狼毫选用东北特有的黄鼠狼尾毛，分几十个品种，最好的狼毫称为"元尾"，是黄鼠狼尾毛当中品质最高的。

胡魁章最早用来制作毛笔时用的狼毫来自他的故乡浙江，后来胡魁章发现北方的黄鼠狼尾毛更适合制作狼毫笔。因为北方冬季非常寒冷，动物的兽毛在这个时期生长得最旺盛，毛质坚挺，且毛针粗壮。胡魁章笔庄就选用寒冬季节捕猎的黄鼠狼的尾毛，加上香狸毛、貉子毛等辅料，制成毛笔。没想到这样的狼毫笔大受欢迎，成为胡魁章笔庄的明星产品。

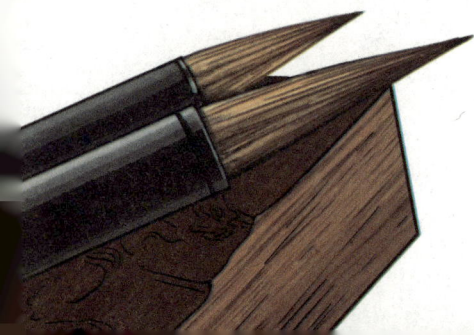

胡魁章笔庄狼毫毛笔

看漫画

领专属角色头像

跟着书本去旅行

在阅读中了解华夏文明

## 01
**角色头像**

把你喜欢的
角色头像带回家

## 02
**阅读延伸**

了解更多
有趣的知识

## 03
**趣味视频**

从趣味动画中
漫游中国

还有【阅读打卡】等你体验